Themenhefte Religion

STEPHAN SIGG

Sekten und neue Weltdeutungen

Verlag an der Ruhr

Impressum

Titel
Themenhefte Religion – Sekten und neue Weltdeutungen

Autor
Stephan Sigg

Titelbildmotiv
© kevron2001 – Fotolia.com

Lektorat
Dr. Bettina Kratz-Ritter

Satz/Layout
Camilla Homering – Büro für Grafik & Buchdesign

Druck
Heenemann GmbH & Co. KG, Berlin, DE

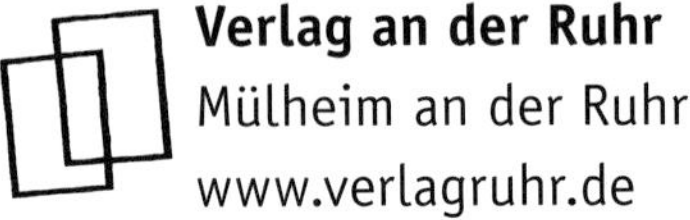
Verlag an der Ruhr
Mülheim an der Ruhr
www.verlagruhr.de

Geeignet für die Klassen 7–10

ISBN 978-3-8346-2527-4

Inhaltsverzeichnis

Aberglaube – was ist das? 1/2

Glaube und Aberglaube sind zwei verschiedene Phänomene, aber es gibt auch Mischformen.

Aberglaube

Info

Der Begriff **Aberglaube** bezieht sich auf Glaubensformen und religiöse Praktiken. Er wird im Allgemeinen gleichgesetzt mit Unvernunft und Unwissenschaftlichkeit. Aberglaube ist oft eine Form von überlieferten und stetig wiederholten Handlungen und Bräuchen. Es besteht die Überzeugung, ein ganz bestimmtes Ritual nach festen Regeln absolvieren zu müssen, damit es wirkt. Der Mensch hat es in der Hand: Er ist nicht abhängig, sondern kann selbst die Zukunft beeinflussen (z. B. indem er ein bestimmtes Ritual vollzieht, um ein Unglück zu verhindern). Meistens geht es beim Aberglauben darum, mit Hilfe eines Rituals etwas Böses oder Schlechtes abzuwehren. Das Ritual bietet Schutz. Manchmal tritt Aberglaube in Zusammenhang mit Zwang auf (dem Gefühl, etwas „genauso machen zu müssen.")

Glaube

Info

Der **Glaube** im religiösen Sinn bezieht sich auf ein überirdisches Wesen (z. B. Gott), zu dem eine Beziehung aufgebaut und mit dem kommuniziert werden kann. Man geht davon aus, dass dieses Wesen mehr Macht und Wissen hat als der Mensch und deshalb um Hilfe gebeten werden kann (z. B. im Gebet). Allerdings kann es nicht gezwungen werden, genau so zu handeln, wie es sich der Mensch wünscht. Der Glaube hilft bei der Lebensbewältigung und Lebensgestaltung. Er hilft auch, den Sinn des Lebens zu finden und positive und negative Ereignisse zu deuten und zu verarbeiten.

	Glaube oder **Aberglaube?**	
Sie betet jeden Abend genau drei Mal den Rosenkranz, da sie weiß, dass Gott ihr dann eine ruhige Nacht schenkt.	☐	☐
Er glaubt fest daran, dass Gott sein Leben lenkt.	☐	☐
Vor jedem Auftritt spucken sich die Bandmitglieder gegenseitig über die Schultern. Sie sind überzeugt, dass nur so ihr Konzert ein Erfolg wird.	☐	☐
Sie glaubt, dass sie ihr Leben nach dem Koran ausrichten muss.	☐	☐
Vor wichtigen Entscheidungen besucht sie eine Kirche, um sich in der Stille zu sammeln.	☐	☐

Aberglaube – was ist das? 2/2

Aberglaube im Alltag

An einem Freitag, dem 13., sollte man gut aufpassen: Wenn einem eine schwarze Katze über den Weg läuft, ist das ein schlechtes Zeichen. Man sollte sich davor hüten, mit dem linken Bein aufzustehen …
Es gibt viele weitere Beispiele. In unserem Alltag begegnen uns zahlreiche Zeichen, die als „negative Prophezeiungen" gedeutet werden. Für manche Menschen ist dies „Humbug", andere achten aufmerksam darauf und fühlen sich bestätigt, wenn tatsächlich etwas Negatives eintrifft. Die meisten Unglückssymbole sind schon mehrere Jahrhunderte oder sogar Jahrtausende alt. Ihre ursprüngliche Bedeutung lässt sich oft gar nicht mehr genau erklären.

Angst vor schwarzen Katzen?

Angst vor der Zahl 13?

Warum gilt die 13 als Unglückszahl?

Der Freitag gilt bis heute als ein Trauertag. Denn an einem Freitag wurde Jesus gekreuzigt (Karfreitag). Auch die symbolträchtige Zahl 13 hat einen biblischen Ursprung: Zwölf Jünger hielten Jesus die Treue, Judas, der 13. Jünger, verriet Jesus. In der Bibel steht die Zahl 12 für vollzählig, vollkommen: Jakob hatte 12 Söhne, die stehen für die 12 Stämme Israels, Jesus besuchte im Alter von 12 Jahren das erste Mal den Tempel usw. Während also 12 perfekt ist, ist 13 eins zu viel, sodass die Zahl eine negative Bedeutung bekam. Diese Überzeugung existiert bis heute: Viele Hotels und Krankenhäuser vermeiden Zimmer oder Stockwerke mit der Nummer 13, manche Fluggesellschaften in ihren Flugzeugen die 13. Reihe. Wissenschaftlich ist jedoch erwiesen: Unfälle und Unglücke passieren an einem Freitag, dem 13., nicht häufiger als an anderen Freitagen des Monats.

Aufgaben

1. **Diskutiert zu zweit: Was sind die Hauptunterschiede zwischen Glaube und Aberglaube? Macht euch Notizen dazu. Besprecht eure Ergebnisse anschließende in der Klasse.**
2. **Lies die Aussagen in der Tabelle auf der ersten Seite und ordne sie den Kategorien „Glaube" oder „Aberglaube" zu. Kreuze dazu entsprechend an und begründe deine Entscheidungen schriftlich.**
3. **Überlege dir Gründe, warum Menschen, die von der Macht der Unglückszeichen überzeugt sind, das Unheil manchmal fast automatisch anziehen? Tausche dich dann mit deinem Nachbarn über eure Vermutungen aus.**
4. **Inwiefern wird Aberglaube durch die Medien gefördert? Überlegt in der Gruppe und nennt dabei möglichst konkrete Beispiele.**
5. **Macht ein Brainstorming in der Klasse: Welche Unglückssymbole sind euch bekannt? Setzt euch anschließend in Kleingruppen zusammen, wählt eins der genannten Unglückssymbole aus und recherchiert dazu:**
   - Welche Bedeutung hat es bei uns, welche in anderen Ländern?
   - Woher kommt die Bedeutung?
   - Warum ist es überhaupt ein Unglückssymbol?

   Ihr könnt auch Informationen aus dem Internet nutzen.

Talisman/Glücksbringer

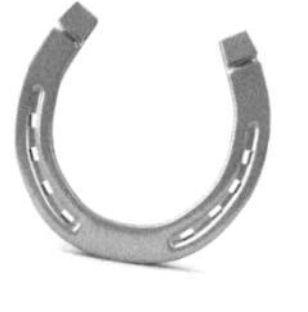

Viele Menschen haben einen Talisman oder Glückbringer. Ursprünglich bezeichnete ein Talisman (vom griechischen Verb für: vollenden, erfüllen) einen kleinen Gegenstand oder ein Bild aus Metall oder Stein, das Glück bringen soll. Der Glaube an einen Talisman ist schon uralt und geht auf Sagengestalten zurück, an die die Menschen im alten Mesopotamien (Reich in Vorderasien, ca. 4000 v. Chr.) glaubten. Es gab dort praktisch kein Gebäude ohne schützendes Bild. Darauf ist meistens eine Zwittergestalt zwischen Gott, Mensch und Tier dargestellt. Heute sind vor allem das vierblättrige Kleeblatt und das Hufeisen bekannt, Talisman kann im Prinzip aber jeder beliebige Gegenstand sein, der einem persönlich etwas Besonderes bedeutet. Wie bei der Zahl 13 steckt auch hinter dem vierblättrigen Kleeblatt eine biblische Zahl: die vier Evangelien. Dass das Symbol so verbreitet ist, hat wohl auch mit der Seltenheit zu tun: Wenn man in der Wiese ein vierblättriges Kleeblatt entdeckt, ist es ein Glücksfall.

Mein Talisman

Zeichne deinen Talisman!

Beschreibe deinen Talisman!

____

____

____

____

____

____

____

____

____

Aufgaben

1. **Macht ein gemeinsames Brainstorming an der Tafel zu den verschiedenen Glücksymbolen: Was fällt euch dazu ein? Kennt ihr noch weitere?**
2. **Hast du einen persönlichen Talisman? Zeichne und beschreibe ihn: Wie sieht er aus? Welche Geschichte verbindest du damit? Stell dein Ergebnis anschließend deinen Mitschülern vor.**
3. **Diskutiert zu zweit: Wann kann der Glaube an Glücksbringer eine Hilfe sein? Wann wird dieser Glaube gefährlich? Tauscht euch anschließend mit einem anderen 2er-Team über eure Ergebnisse aus.**

Was ist Esoterik?

Esoterik hatte ursprünglich die Bedeutung einer philosophischen Lehre, die als eine Art „Geheimlehre" nur für einen kleinen Kreis von Person zugänglich war. Das steht im krassen Gegensatz zu Religionen wie Christentum, Judentum und Islam. Denn die Glaubensansichten dieser Religionen richten sich immer an alle Menschen und sollen auch allen zugänglich sein. Die heiligen Schriften dieser Religionen gehen davon aus, dass jeder das Recht hat, die Glaubensinhalte kennen zu lernen und dass die Gläubigen sogar verpflichtet sind, anderen davon zu erzählen und ihnen Rede und Antwort zu stehen.

Der Begriff Esoterik wird heute als allgemeiner Sammelbegriff für verschiedene Weltdeutungen und Glaubensansichten verwendet. Er steht für vieles. Da er kein geschützter Begriff ist und keine Organisation konkret dahinter steht, wird er in den verschiedensten Zusammenhängen verwendet. Der Begriff hat eine lange Geschichte: Das Wort Esoterik wurde schon im 5. Jahrhundert vor Christus verwendet. Doch erst vor dreißig Jahren wurde die Esoterik zur Massenbewegung. Damit kam auch ein neuer Begriff auf: „New Age" – heute oft gleichgesetzt mit Esoterik.

Viele Esoteriker glauben an das Pendel ...

... und suchen nach Erleuchtung.

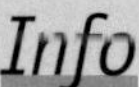

Info

Die wichtigsten Fakten zu Esoterik:

- Esoterik ist ein Sammelbegriff
- keine einheitlichen Glaubensansichten und Rituale
- viele Esoteriker glauben an Wiedergeburt
- Unglücksfälle werden als „Wille des Schicksals" interpretiert
- kein Glaube an einen persönlichen Gott (der z. B. um Unterstützung gebeten werden kann)

Aufgaben

1. **Macht eine Umfrage bei euren Mitschülern, wo und in welchem Zusammenhang ihnen der Begriff Esoterik schon begegnet ist. Sammelt und vergleicht anschließend alle Umfrageergebnisse in der Klasse.**

2. **Schreib Gründe auf, warum der Begriff „Esoterik" nicht die gleiche Funktion hat wie der Begriff „Christentum", „Islam" oder „Judentum". Vergleiche anschließend deine Begründungen mit denen deines Nachbarn.**

Esoterik im Trend

Esoterik-Angebote sind so erfolgreich und zahlreich wie nie zuvor. Ansichten und Rituale aus verschiedenen Religionen und Traditionen werden miteinander vermischt. Auch haben Menschen, die einer Kirche angehören, kein Problem damit, solche Angebote zu nutzen.

Man ist bereit, viel Geld zu bezahlen für Esoterikkurse, Energiekristalle, für einen Geistheiler oder eine Wahrsagerin. Statistiken zeigen, dass überdurchschnittlich viele Menschen, die in Städten wohnen, Abiturienten und Frauen sich für Esoterik interessieren. Sie hoffen, auf diesem Weg Glück, Zufriedenheit und Gelassenheit zu finden.
Für sie stellt Esoterik eine „Gegenwelt" dar: In unserer Gesellschaft steht heute der Gedanke im Vordergrund, dass es immer vorwärts gehen muss, das man immer neuen Erfolg haben und die große Karriere machen muss. Doch glücklich werden dabei die wenigsten, viele sind gestresst. Anders in der Welt der Esoterik: Dort hören die Menschen immer nur die Botschaft: „Du bist gut und schön so, wie du bist. Du musst nicht erst schlanker, erfolgreicher oder humorvoller werden."

Kraft von Heilsteinen?

Kritiker warnen vor den Angeboten der Esoterik. Viele seien zu wenig kritisch und würden sich über den Tisch ziehen lassen. Es bestehe auch die Gefahr, abhängig zu werden. Sie raten, statt auf Geistheiler und Wahrsager auf Freunde zu setzen, auf die man in guten und schlechten Zeiten zählen kann.

Aufgaben

1. **Schreibe aus dem Text mindestens drei Gründe heraus, warum sich gerade gestresste Städter so stark für Esoterik-Angebote interessieren.**
2. **Erkläre deinem Nachbarn den Zusammenhang zwischen fehlenden Freunden und Esoterik-Angebot.**
3. **Diskutiert in der Klasse, warum Menschen viel Geld für Esoterik-Angebote zahlen, obwohl die Angebote der Kirchen kostenlos zu haben wären.**
4. **Esoterik-Angebote greifen oft alte Elemente aus der Menschheitsgeschichte auf. Sucht euch zu zweit aus der Gedankenblase drei Begriffe aus, und sucht im Internet oder in Lexika Informationen dazu, sodass ihr sie euren Mitschülern erklären könnt.**

Sternzeichen und Kartenlegen

Die Astrologie (Lehre von der Deutung der Sterne) geht davon aus, dass Sternbilder oder Konstellationen von Planeten Auskunft über die Zukunft geben.

3 000 v. Chr.

Schon vor über 5 000 Jahren wurde im alten Ägypten Astrologie praktiziert. Sterndeuter beobachteten die Sterne und erstellten Zukunftsprognosen für die Herrscher.

Mittelalter

Seit dem Mittelalter versuchen Wahrsager mit Hilfe von Karten, die Zukunft vorherzusagen. Dabei verwenden sie verschiedene Arten (z. B. Engelkarten oder Tarotkarten). Der Kartenleger legt die Karten auf den Tisch, deckt sie auf und deutet die dargestellten Symbole und Zeichnungen. Dabei erkennt er mögliche Zukunftsperspektiven und leitet daraus Prognosen ab.

Heute

Auch heute ist die Astrologie sehr verbreitet. Fast jede Zeitung druckt ein Horoskop ab. Darin werden die Menschen aufgrund ihres Geburtsdatums einem Sternzeichen zugeordnet. Astrologie darf nicht verwechselt werden mit Astronomie, einer Naturwissenschaft, bei der die Sterne beobachtet und wissenschaftliche Überlegungen (z. B. zu ihrem Lauf, ihrer Bewegungsgeschwindigkeit, ihrem Abstand zu anderen Sternen und Planeten etc.) angestellt werden.

Viele Menschen nehmen Horoskope und Kartenlegerei nicht ernst, andere wiederum sind von ihrer Wirkung felsenfest überzeugt. Psychologen gehen davon aus, dass die „selbsterfüllende Prophezeiung" einen wesentlichen Anteil am Glauben an Zukunftsvoraussagen hat: Wenn ich überzeugt bin, dass bald etwas Tolles passiert, stelle ich mich darauf ein und erwarte es ganz bewusst. Wenn ich mich vor einem negativen Ereignis fürchte, bin ich so, dass vielleicht erst recht etwas Schlimmes passiert.

Tarotkarten

Aufgaben

1. **Sammelt in der Klasse Unterscheidungsmerkmale zwischen Astrologie und Astronomie. Warum gelten nicht beide als Naturwissenschaften? Überlegt euch Beispiele dazu.**
2. **Warum sind Horoskope auch heute noch so beliebt? Suche Gründe dafür und schreibe sie auf.**
3. **Diskutiert in der Klasse über die Gefahr, dass der Glaube an Horoskope und Karten abhängig machen kann.**

Esoterik, Sekten, neue Weltdeutungen: hochpopulär!

Wahrsagerei im Fernsehen

Früher traten Wahrsager vor allem auf Jahrmärkten auf. Heute begegnen einem sogar im Fernsehen Wahrsager, die die Zuschauer auffordern anzurufen, um mehr über ihre Zukunft zu erfahren.

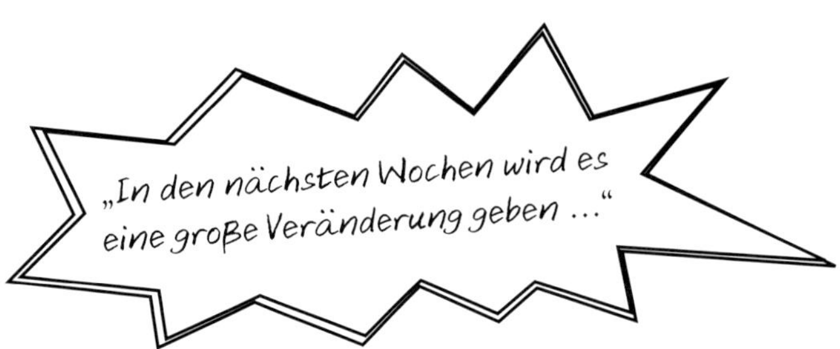

Erfolgreiche TV-Shows mit Wahrsagern

TV-Sendungen, in denen Zuschauer anrufen und sich von einem Hellseher oder Wahrsager die Zukunft vorhersagen oder Hilfe bei einer schwierigen Entscheidung bekommen, boomen. Mittlerweile gibt es mehrere TV-Sender, die ausschliesslich solche Sendungen zeigen. Viele Zuschauer schalten ein, viele rufen sogar an. Sie wollen herausfinden, wie es mit ihrer Ehe weitergeht, ob sie mit ihrem Freund Schluss machen sollen, ob sie bald eine neue Arbeitsstelle finden, wie schlimm ihre Erkrankung ist, ob es sich lohnt, in der kommenden Woche Lotto zu spielen etc. Die anderen Zuschauer kommen aber ebenfalls auf ihre Kosten: Sie erhalten Einblicke in das Privatleben und Schicksal anderer Leute. Die Anrufer sind sich viel zu selten bewusst, dass ihr Anruf total öffentlich ist.

Teuer und unpräzise

Mit diesem Angebot wird viel Geld verdient: Ein Anruf auf die Hotline kostet meist mehr als fünfzig Cent pro Minute. Es entstehen Kosten, selbst wenn man nicht an die Reihe kommt, um mit dem Wahrsager zu sprechen. Eine Testperson hat 100-mal angerufen und ist nur vier Mal durchgekommen. Im Fernsehen wird das nicht gezeigt: Die Astrologen tun so, als wären alle Leitungen frei und fordern das Publikum zum Anrufen auf. Kommt jemand dann doch durch, fallen die Antworten der Hellseher oft sehr allgemein und unpräzise aus. Auch die Angebote eines Gratis-Anrufs haben sich oft als falsch entpuppt: Zwar kostete der Anruf nichts, doch statt Lebenshilfe zu erhalten, mussten die Anrufer viele persönliche Daten (z. B. Bankkonto) bekannt geben.

Aufgaben

1. **Erstellt zu zweit eine Liste mit Formulierungen und Begriffen, die typisch sind für Horoskope.**
2. **Diskutiert in der Klasse, warum so viele Menschen Orientierung und Hilfe bei Horoskopen und Wahrsagern suchen.**

Begriffsklärung: Was ist was?

Kirche, Freikirche, Sekte?

Der Begriff Sekte ist heute umstritten, da er eher negativ, respektlos und abwertend verstanden wird. Keine Gemeinschaft würde sich selbst als Sekte bezeichnen – diesen Begriff verwenden immer nur die Gegner. Auch konnte bis heute nicht genau geklärt werden, woher der Begriff stammt: Er stammt wohl aus dem Lateinischen: Verb sequi (= folgen), Nomen secta (= Partei, Schulrichtung) oder Verb secare (= abspalten). Oft handelt es sich bei Sekten um religiöse Gemeinschaften, die sich von einer großen Religion oder Gemeinschaft abgespalten haben. Alternativ wird heute lieber von „religiöser Sondergemeinschaft" gesprochen.

Kirche, Freikirche, Sekte – Merkmale:

- es gibt einen „Guru" (eine absolute Führung)
- an der Führung, der religiösen Praxis, den Glaubensansichten ist keine Kritik erlaubt
- die Gemeinschaft grenzt sich bewusst von großen Landeskirchen ab
- die Gemeinschaft grenzt sich bewusst vom Rest der Gesellschaft ab
- Mitgliedsbeiträge werden durch eine Kirchensteuer beglichen
- meistens wird der Kontakt zur Familie und bisherigen Freunden verboten
- die Mitglieder müssen viel Geld zahlen und unbezahlte Arbeitsstunden leisten
- ein Austritt ist relativ leicht möglich
- Mitglieder werden angehalten, weitere Mitglieder zu missionieren
- Kritik und verschiedene Positionen sind möglich und werden unter anderem auch an Universitäten an Theologischen Fakultäten debattiert
- die Bibel gilt als wesentliche Richtschnur und wird meistens wortwörtlich verstanden
- Glaube an den baldigen Weltuntergang
- versteht sich oft als „Reformgruppe", die mit der bisherigen Praxis nicht einverstanden war

Rel. Sondergemeinschaft/Sekte	Freikirche	Kirche
...	...	...

Aufgaben

1. **Übertragt die Tabelle in euer Heft und ordnet die darüber genannten Merkmale dem richtigen Oberbegriff zu. *Achtung:* Manchmal können mehrere Oberbegriffe passen!**
2. **Nennt Beispiele für eine Kirche, Freikirche, religiöse Sondergemeinschaft/Sekte und schreibt sie in euer Heft. Ihr könnt euch dazu im Lexikon oder Internet informieren.**
3. **Diskutiert miteinander, warum der Sekten-Begriff problematisch ist, sodass Experten heute raten, darauf zu verzichten.**

Einblicke in religiöse Sondergemeinschaften

Warum boomen religiöse Sondergemeinschaften?

Früher

- Alltag von gesellschaftlichen Regeln geprägt
- Kirche bestimmte Werte und Normen
- Tagesablauf klar strukturiert
- Menschen lebten vor allem in Dörfern
- Dorfstrukturen hatten Gemeinschaftscharakter
- Individualität kaum möglich
- mit der Geburt wurde man automatisch Teil einer Glaubensgemeinschaft (Kirche)
- ______________________________
- ______________________________
- ______________________________
- ______________________________

Heute

- globalisierte Gesellschaft
- alles in ständiger Veränderung
- Menschen müssen selbst Werte bestimmen
- Menschen leben häufig in anonymen Großstädten
- Egoismus: jeder denkt nur an sich
- jeder muss Glauben und Sinn des Lebens selbst finden
- stressiger, schnelllebiger Alltag
- ______________________________
- ______________________________
- ______________________________
- ______________________________

In der Anonymität der Großstadt

Religiöse Sondergemeinschaften bieten als Hilfe an:

- ______________________________
- ______________________________
- ______________________________
- ______________________________
- ______________________________
- ______________________________
- ______________________________
- ______________________________

Aufgaben

1. **Ergänze die Aufzählungen zu „Früher“ und „Heute“ schriftlich.**
2. **Macht ein Brainstorming und sammelt an der Tafel, welche Probleme, Sorgen und Ängste in unserer Gesellschaft heute verbreitet sind.**
3. **Überlege gemeinsam mit deinem Nachbarn, welche Lösung religiöse Sondergemeinschaften anbieten und was Menschen in diesen Gemeinschaften finden. Schreibt in Stichworten auf den Merkzettel rechts.**

Pflicht zur Mission – die Zeugen Jehovas

Die Zeugen Jehovas sind bekannt für ihre intensive Missionstätigkeit.

Info

Zeugen Jehovas – Merkmale:

- sprechen Menschen auf der Straße an
- suchen unaufgefordert Menschen auf und klingeln an ihrer Haustür
- machen die Menschen auf Gottes Botschaft aufmerksam, laden in ihre Gemeinschaft ein und raten zur Umkehr
- empfehlen den Beitritt zur Gemeinschaft als einzige Rettung vor dem Weltuntergang
- sind immer zu zweit unterwegs

Ein Aufsteller mit Publikationen der Zeugen Jehovas

Alle Zeugen Jehovas sind zur Mission verpflichtet, einer wichtigen Glaubenspflicht: Je nach Land leisten die Zeugen Jehovas jährlich 100–500 Stunden Missionsarbeit. Der Beweggrund soll echtes Interesse an Mitmenschen sein. Daher sprechen sie Menschen an Haustüren und auf öffentlichen Plätzen mit Themen aus der Bibel an und hinterlassen nach Möglichkeit eine ihrer kostenlosen Publikationen (Zeitschriften, Broschüren, Bücher). Das Vorgehen der Zeugen Jehovas wird von Anders- und Nichtgläubigen zum Teil als grobe Belästigung empfunden. Insbesondere im Klingeln an der Türe sehen viele eine Verletzung ihrer Privatsphäre. Das oft als aggressiv beschriebene Mitgliederwerben steht daher immer wieder in der Kritik. Auch bei anderen religiösen Sondergemeinschaften hat das Missionieren, die Gewinnung neuer Mitglieder, große Bedeutung.

Info

Wer sind die Zeugen Jehovas?

- Gründung der Gemeinschaft: Ende des 19. Jahrhundert in den USA
- Heute weltweit ca. 7,6 Millionen Mitglieder, in Deutschland ca. 165 000
- Glaubensgrundlage: die Bibel – deren Auslegung sich allerdings in vielen Punkten von den anderen christlichen Gemeinschaften unterscheidet
- Geburtstag und Weihnachten werden nicht gefeiert. Dies entspräche nicht Gottes Willen.

<u>Aufgaben</u>

1. **Überlegt euch in Kleingruppen Gründe, warum die Zeugen Jehovas immer nur zu zweit unterwegs sind, und schreibt sie anschließend auf.**
2. **Macht ein Brainstorming in der Klasse und sammelt Beispiele an der Tafel, mit welchen Methoden religiöse Sondergemeinschaften und Kirchen missionieren.**

Weltuntergang – Armageddon

Viele religiöse Sondergemeinschaften, gerade auch die Zeugen Jehovas, glauben an einen baldigen Weltuntergang. Dann sollen angeblich nur die Mitglieder der eigenen Gemeinschaft vor dem Weltuntergang gerettet werden, alle anderen sterben. Die einzige Chance auf Rettung ist also, Mitglied der Zeugen Jehovas zu werden. Es wurden sogar schon mehrfach konkrete Weltuntergangstermine genannt: 1878, 1881, 1914, 1918, 1925 und 1975. Doch jedes Mal ist nichts passiert. Deshalb sind die Zeugen Jehovas heute vorsichtig, allzu konkrete Aussagen zu machen.

Die apokalyptischen Reiter
(mittelalterliche Weltuntergangs-Darstellung von Albrecht Dürer)

Armageddon?

Der Begriff Armageddon oder *Harmagedon* stammt aus der Bibel. Er wird dort aber nur ein einziges Mal erwähnt, nämlich in der Offenbarung des Johannes (Offenbarung 16,16). Der Verfasser beschreibt hier die letzte Serie von endzeitlichen Plagen. Nach Gottes Befehl werden sieben Engel sieben Schalen des Zorns über die Erde gießen. Damit soll der endzeitliche Krieg starten. Dieser soll die Erde und die Menschen läutern. Die Menschen werden für ihre Sünden bestraft. Danach wird das Reich Gottes errichtet, das mit dem Paradies vergleichbar ist.
Das Christentum setzt sich schon lange mit der Vorstellung des Weltuntergangs auseinander. Die ersten Christen waren felsenfest überzeugt, dass die Welt bald enden würde. Doch inzwischen sind 2000 Jahre vergangen und sie steht noch immer.
Bibelwissenschaftler wehren sich gegen die These der Zeugen Jehovas: Diese Interpretation der Bibel sei zu undifferenziert. Jesus vermittle den Menschen ein Bild des liebenden und verzeihenden Gottes. Wie könne ein solcher Gott wirklich einen großen Teil seiner Geschöpfe vernichten wollen? Zudem weisen sie darauf hin, dass in der Bibel ausdrücklich verboten wird, ein genaues Weltuntergangsdatum zu nennen.
Andere Kritiker haben beobachtet, dass Warnungen vor Weltuntergängen sich besonders in Krisenzeiten häufen (z. B. vor und während Wirtschaftskrisen oder Naturkatastrophen).

Aufgaben

1. **Diskutiert, wie ihr die Tatsache beurteilt, dass die Zeugen Jehovas bereits bei der Mitgliederwerbung die Ankündigung des Weltuntergangs einbauen.**
2. **Überlegt gemeinsam, woran es liegen könnte, dass in so vielen religiösen Gemeinschaften der Glaube an den baldigen Weltuntergang verbreitet ist.**

Traum von Glück und Harmonie (Mormonen)

Wer sind die Mormonen?

Die religiöse Sondergemeinschaft der Mormonen hat ihre Wurzeln in den USA. Sie existiert seit 1830 und ist heute weltweit vertreten.

Das Buch Mormon

Was glauben die Mormonen?

Glaubensgrundlage ist das Buch Mormon. Darin wird geschildert, dass Jesus Christus nach seiner Auferstehung auch in Amerika erschienen sei und hier eine Kirche gegründet habe. Alles auf der Welt ist dem „Gesetz des immerwährenden Fortschritts" (*Law of eternal progression*) unterworfen. Wer hart an sich arbeitet, so die Überzeugung, der wird auch belohnt.

Wie leben die Mormonen?

Das Familienleben ist den Mormonen sehr wichtig. Wöchentliche Familienabende montags, der sonntägliche Gottesdienst sowie zahlreiche weitere Versammlungen sind fester Bestandteil ihres Alltags. Viele Mormonen engagieren sich ehrenamtlich für ihre Kirche. Aus religiösen Gründen verzichten sie auf den Genuss von schwarzem Tee und Kaffee, Alkohol und Nikotin. Bis 1890 gab es bei den Mormonen die Vielehe: Die Männer durften bis zu zehn Frauen heiraten. Heute ist die Vielehe verboten.

Aufgaben

1. **Mache dir Stichpunkte, warum der Glaube, dass Jesus in den USA eine Kirche gegründet hat, für die Mormonen so zentral ist. Suche dir anschließend einen Partner und bereite mit ihm gemeinsam aus den gesammelten Stichpunkten eine Kurz-Präsentation vor.**
2. **Überlegt gemeinsam: In den USA ist die Überzeugung, dass jeder seines eigenen Glückes Schmied ist, sehr verbreitet. Inwiefern ist diese Überzeugung auch Teil des mormonischen Glaubens?**
3. **Diskutiert anschließend in Kleingruppen, welche Schattenseiten diese Überzeugung haben könnte, und sammelt Stichpunkte dazu. Präsentiert euch anschließend gegenseitig eure Ergebnisse.**

Gemeinschaftsgefühl

In religiösen Sondergruppen spielt die Gemeinschaft eine bedeutende Rolle: Die Mitglieder der Gemeinde verbringen fast ihren gesamten Alltag miteinander und grenzen sich gegenüber Nichtgläubigen stark ab: Kontakte sind nicht gern gesehen. Manche Gemeinschaften verbieten sogar den Kontakt zu Verwandten und Freunden, sofern sie nicht Mitglied sind. Die Gemeinschaft sieht sich als „elitären Kreis“: als eine Gruppe Auserwählter, die etwas hat, das die anderen nicht haben.
In solchen Gemeinschaften verbringen die Mitglieder den größten Teil der Freizeit und auch die Wochenenden miteinander: Fast jeden Abend finden Treffen, Kurse und Gottesdienste statt. Es werden Ferienlager für Kinder und Jugendliche angeboten, an denen nur junge Mitglieder teilnehmen. Es gibt sogar Gemeinschaften, in denen die Kinder private Schulen der Gemeinschaft besuchen.
Um das Gemeinschaftsgefühl zu stärken, setzen manche religiöse Gruppierungen sogar auf einheitliche Kleidung (Uniform), gemeinsame Rituale oder gemeinsames Wohnen. Manchmal geht es so weit, dass die Mitglieder keinen persönlichen Besitz mehr haben: Alles gehört allen.

Menschen suchen das Gemeinschaftsgefühl.

Spaß

Egoismus

Einsamkeit

Geiz

Gemeinschaftsgefühl

Freunde

Das wird in religiösen Sondergemeinschaften gesucht:	Das wird in der Gesellschaft vermisst oder an ihr kritisiert:

Aufgaben

1. **Schreibe in die linken Felder der Tabelle, was bei einer religiösen Sondergemeinschaft gesucht wird, und in die rechten Felder, was in der sonstigen Gesellschaft vermisst oder kritisiert wird (erste Anregungen findest du über der Tabelle).**
2. **Diskutiert zu zweit, inwiefern Gemeinschaftsgefühl und Zusammenhalt zum Erfolg der religiösen Sondergruppen beitragen.**
3. **Schreibe ein Statement darüber, was dir an diesem Gemeinschaftsgefühl und Zusammenhalt gefallen oder aber Probleme bereiten würde.**

„Ein besserer Mensch“ (Scientology)

Name:
Scientology
(auf Deutsch: „Die Lehre vom Wissen“)

Aufgabe:
Hilfe, die Persönlichkeit der Mitglieder weiter zu entwickeln und sie zu „besseren Menschen“ zu machen.

Herkunft:
USA

Methode:

- Angebot eines kostenlosen Persönlichkeitstests, um Mitglieder anzuwerben. Bei diesem Test müssen, um mehr über sich selbst, die eigenen Stärken und Schwächen herausfinden zu können, 200 Fragen beantwortet werden (z. B.: Schlafen Sie manchmal schlecht? Sind Sie manchmal nervös?).
- Kritikern zufolge sucht Scientology mit den Tests eine Gelegenheit, mit Menschen in Kontakt zu kommen und sie für die Gemeinschaft anzuwerben.

Realität:
Nach Auswertung des Tests bietet Scientology die Teilnahme an einem ihrer Kurse an: Dort würden die Leistungsfähigkeit und das persönliche Potenzial weiter entwickelt. Diese Kurse sind allerdings kostenpflichtig.

Alltag:
Mitglieder müssen regelmäßig an Auditings teilnehmen. Dabei unterziehen sie sich einem Gespräch mit einem Auditor (grundsätzlich ein höheres Mitglied der Gemeinschaft). Bei diesem Gespräch werden dem Mitglied Elektroden angelegt, die anzeigen, wenn eine Frage heftige, z. B. negative Gefühle auslöst.

Botschaft/Versprechen der Gemeinschaft:
Jeder Mensch nutzt nur einen Bruchteil seiner Fähigkeiten und seines Potenzials. Mitglieder der Gemeinschaft lernen, ihr geistiges und körperliches Wohlbefinden zu verbessern.

Ziel/Gefahr:
Gemeinschaft will durch Auditings das Bewusstsein der Mitglieder nachhaltig verändern.

Nachhilfeunterricht von Scientology

Im Angebot von Scientology gibt es neben dem Persönlichkeitstest auch Nachhilfeunterricht für Schüler. Auch in Deutschland ist die Gemeinschaft damit aktiv. Diese Lerninstitute tragen nicht den Namen von Scientology, sondern einen anderen, z. B. „Applied Scholastics“. Kritiker bemängeln, dass erst durch genaue Nachfrage bekannt wird, welche Gemeinschaft dahinter steckt. Sie warnen vor diesen Angeboten, da nach ihrer Meinung dieser Nachhilfeunterricht gezielt für die Mitgliederwerbung missbraucht und nicht offen erklärt wird, wer dahinter steht.

Aufgaben

1. **Schreibe in Stichpunkten auf, welches Menschenbild Scientology vermittelt.**
2. **Teilt die Klasse in zwei Gruppen auf zur Frage, ob Scientology überhaupt eine religiöse Gemeinschaft ist.**
   Gruppe 1: **Was spricht dafür?,**
   Gruppe 2: **Was spricht dagegen?**
   Tragt anschließend eure Argumente vor und diskutiert sie.

Einblicke in religiöse Sondergemeinschaften

Strenge Regeln

Das Leben in einer religiösen Sondergemeinschaft ist strukturiert von Regeln und Vorschriften, z. B.:

Gottesdienstbesuch ist Pflicht!
Internet benutzen ist verboten!
Alkohol ist verboten!
Jede Woche muss ein neues Mitglied angeworben werden!

Wozu Regeln gut sind 1

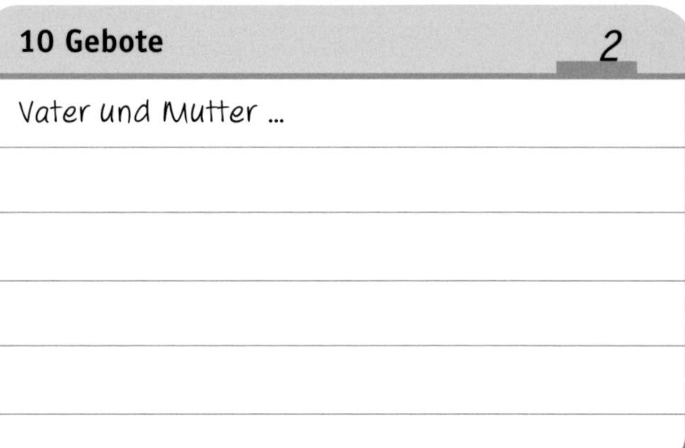
10 Gebote 2

Vater und Mutter ...

Regeln in religiösen Sondergemeinschaften 3

„Jeden Morgen eine Stunde beten!"

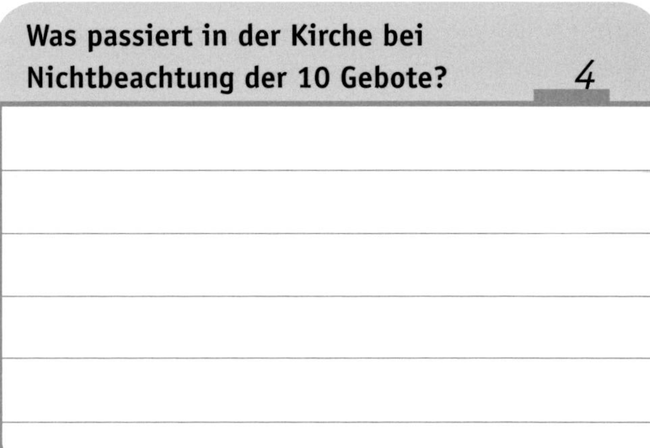
Was passiert in der Kirche bei Nichtbeachtung der 10 Gebote? 4

Aufgaben

1. **Fülle den Kasten 1 mit Argumenten, warum manche Menschen froh sind über klare Regeln und inwiefern Vorschriften eine Hilfe sein können.**
2. **Auch die katholische und evangelische Kirche kennen Regeln, z. B. die 10 Gebote. Lest sie zu zweit in der Bibel (Exodus 20,2–17) nach und überlegt euch, worum es in den 10 Geboten geht. Tragt anschließend in Kasten 2 jeweils eigene Erklärungen ein.**
3. **Ergänze in Kasten 3, von welchen Regeln und Vorschriften anderer religiöser Sondergemeinschaft ihr schon gehört habt.**
4. **Schreibe in Kasten 4, was bei der evangelischen oder katholische Kirche passiert, wenn man sich nicht an die 10 Gebote hält.**

Einblicke in religiöse Sondergemeinschaften

In Konflikt mit dem Gesetz

In Deutschland gilt die Religionsfreiheit: Jeder Mensch darf seinen Glauben so ausleben, wie er will. Umgekehrt heißt es auch, dass niemand zum Glauben gezwungen werden darf. Trotzdem kommen religiöse Gemeinschaften immer wieder mit dem Gesetz in Konflikt.

Deutsches Grundgesetz (GG)
Art. 4 Absatz 1, 2:

(1) Die Freiheit des Glaubens, des Gewissens und die Freiheit des religiösen und weltanschaulichen Bekenntnisses sind unverletzlich.

(2) Die ungestörte Religionsausübung wird gewährleistet.

Keine Bluttransfusionen

Manche religiöse Sondergemeinschaften, z. B. die Zeugen Jehovas, lehnen aus religiösen Gründen Bluttransfusionen ab. Es kommt vor, dass Eltern auch in medizinisch dramatischen Situationen eine Bluttransfusion verbieten, selbst wenn das Kind dadurch in Lebensgefahr gerät.

Entführungen

Immer wieder ist im Zusammenhang mit religiösen Sondergemeinschaften von Entführungen zu hören: Kinder, Jugendliche oder Erwachsene werden gegen ihren Willen ins Ausland gebracht, damit die Gemeinschaft sie besser kontrollieren kann.

Strafgewalt

In manchen radikalen religiösen Sondergemeinschaften werden Kinder und Frauen mit Gewalt „gezüchtigt“ (körperliche Strafe), um sie „auf den richtigen Weg“ zu bringen.

Aufgaben

1. **Recherchiere im Internet, wie genau im Gesetz Religionsfreiheit definiert ist. Notiere dir Stichpunkte dazu für die schließende Diskussion in der Klasse.**
2. **Bildet Kleingruppen und schreibt Argumente und Beispiele auf ein Plakat, wann religiöse Gesetze und Rituale problematisch werden. Präsentiert euer Plakat anschließend den anderen Gruppen!**

Wie Menschen in Sekten geraten

„Ich war neu in die Stadt gezogen, kannte noch niemanden und fühlte mich einsam. Plötzlich sprach mich diese junge Frau in der Fußgängerzone an …“

„Meine Freundin hatte sich gerade von mir getrennt und ich war am Boden zerstört. Als ich total niedergeschlagen am Flussufer saß, wurde ich von einem jungen Paar angesprochen. Sie verstanden mich sofort. Sie hätten das Gleiche erlebt wie ich, aber in ihrer Gemeinschaft neues Glück gefunden und einen Partner, der wirklich zu ihnen passt.“

„Mit meiner Karriere ging es nicht voran, so sehr ich mich bemühte. Da stieß ich im Internet auf das Kursangebot dieser Gemeinschaft, die versprach, einen erfolgreicheren Menschen aus mir zu machen.“

„Und da war ich plötzlich alleinerziehend. Mir wuchs alles über den Kopf. Zum Glück machte mich eine entfernte Bekannte auf diese Gruppe aufmerksam: Hier würde ich Hilfe und Unterstützung bekommen. Und in der Tat: Am Anfang haben sie mir echt geholfen: Sie organisierte eine Wohnung für mich, schenkten mir Kleidung und Lebensmittel und passten auch auf meine Kinder auf, wenn ich einen wichtigen Termin hatte.“

- WANTED -

____

____

____

____

____

____

____

____

____

Aufgaben

1. **Schreibe zu jedem Statement eine Erklärung, wie die Person von der Gemeinschaft angeworben wurde.**
2. **Überlegt gemeinsam in der Gruppe und scheibt auf einen „Steckbrief“, in welchen Situationen Menschen zu ideale Kandidaten für religiöse Sondergemeinschaften werden. Erste Stichworte dazu findest du hier:**

einsam

neu zugezogen

arbeitslos

überfordert

enttäuscht

Einstieg und Ausstieg

Stufen der Abhängigkeit: Wie läuft es ab?

Meist gehen religiösen Sondergemeinschaften ganz gezielt vor, um neue Mitglieder zu gewinnen.

◯ „Snapping"

Der Person wird dringend nahe gelegt, der Gruppe beizutreten und zwar sofort. Es bleibt keine Bedenkzeit, alle Zweifel werden sofort zerstreut. Meist wird sehr schnell ein Bekenntnis zur Gruppe eingefordert.

◯ Programmieren

Die Person erhält viele Informationen und viele Aufgaben. Dabei bleibt wenig Zeit zum Schlafen und für anderweitige Beschäftigung. Die Person steht in der Hierarchie ganz unten und will alles tun, um ein „besseres" Mitglied zu werden. Kontakte zu bisherigen Verwandten und Freunden flachen ab, oft wird sogar das Studium oder die Ausbildung abgebrochen.

◯ Anwerbephase

Die erste Begegnung mit der Gruppe geschieht heute auf verschiedene Weisen: Persönliche Mission an der Haustür, an der Uni oder am Arbeitsplatz, aber auch durch Anzeigen und Werbekampagnen. Es wird dabei oft verschwiegen, welche Organisation dahinter steht. Ziel ist, zunächst eine persönliche Beziehung herzustellen. Oft werden dabei bewusst Flirt-Techniken angewendet, z. B. werden Männer oft von Frauen missioniert und umgekehrt.

◯ „Love-Bombing"

Die Organisation „bombardiert" eine Person mit Liebe, Aufmerksamkeit und Zuwendung. Dadurch fühlt sich die Person wohl und als Teil der Gruppe: Sie steht total im Mittelpunkt, alle kümmern sich nur um sie.

Aufgaben

1. **Bringe die verschiedenen Phasen, nach denen Sekten vorgehen, in die richtige Reihenfolge. Schreibe dazu in die Kreise die Ziffern 1–4.**
2. **Sucht zu zweit Gründe, warum das „Prinzip kostenlos", auf das viele religiöse Sondergemeinschaften setzen, eine attraktive Methode ist.**

Einstieg und Ausstieg

Sekten und Medien 1/2

Religiöse Sondergemeinschaften nutzen gezielt die Medien, um ihre Botschaft zu verbreiten. Gleichzeitig sind sie aber kritisch gegenüber anderen Zeitungen, Fernsehen und Internet.

Die Zeugen Jehovas geben die Zeitschrift „Der Wachtturm" heraus, nach eigenen Angaben mit einer Auflage von weltweit 14 Millionen Exemplaren. In der Zeitschrift sind Berichte über die Auslegung und Verbreitung der Bibel, biblische Vorhersagen und Prophezeiungen, Lebenshilfe auf biblischer Grundlage sowie Berichte über die weltweite Tätigkeit von Jehovas Zeugen zu finden. Die Zeitschrift wird kostenlos abgegeben.

Mitglieder vieler religiöser Sondergemeinschaften dürfen nicht Fernsehen oder Radio hören. Zeitungen und Internet sind für sie tabu und werden als „Teufelsding" bezeichnet. Die Leitung der Gemeinschaft bestimmt, welche Informationen die Mitglieder erhalten. Da das Internet überall leicht zugänglich ist, beobachten die Experten, dass es religiösen Sondergemeinschaften heute immer schwerer fällt, neue Mitglieder zu finden bzw. am Austritt zu hindern.

Manche religiöse Sondergemeinschaften produzieren sogar eigene TV-Sendungen und Filme.

Aufgaben

1. **Nenne Gründe, warum viele religiöse Gemeinschaften eigene Medien (Zeitschriften, Fernseh- und Radioprogramme) herausbringen.**
2. **Tut euch zu zweit zusammen und sammelt Gründe, warum in einigen religiösen Sondergemeinschaften der Konsum von Medien verboten ist.**
   Tipp: **Macht euch Gedanken zu folgender Frage: Warum ist das Internet für die Gemeinschaften eine tatsächliche Gefahr?**
3. **Stellt euch vor, ihr würdet im Auftrag einer religiösen Sondergemeinschaft ein Vormittagsprogramm für einen Radiosender zusammenstellen. Bildet ein „Redaktionsteam" von drei bis vier Schülern. Erstellt mithilfe des Leitfadens auf der nächsten Seite einen Ablaufplan für das Programm von 9 bis 12 Uhr. Präsentiert euer Programm am Ende den anderen Teams. Ihr könnt anschließend in der Klasse abstimmen, welches Konzept am gelungensten ist!**

Leitfaden zur Radio-Programmplanung

1. Brainstorming: Was soll alles in die Sendung?

Macht euch zunächst ganz allgemein Gedanken, wie ihr das Tagesprogramm gestalten wollt. Folgende Fragen können euch dabei helfen:

- Welche **Musik** soll gespielt werden? Welche Bands/Interpreten? Was ist die Aussage des jeweiligen Songs? ...
- Wie sollen die **Moderationen** aussehen? In welchem Stil werden diese gestaltet? Wie werden die Zuhörer angesprochen? ...
- Was für **Beiträge** sollen gesendet werden? Über welche **Themen**? Gibt es ein übergreifendes Motto, unter dem das Programm an diesem Tag steht? Welcher Art sollen die Beiträge sein? Berichte? Interviews mit Jugendlichen, Lehrern, Eltern? O-Töne wichtiger Persönlichkeiten in eurer Gemeinschaft? ...

2. Ablaufplan erstellen

Erstellt nun einen groben Ablaufplan, wie ihr das Programm gestalten wollt. Wann wird Musik gesendet? Wann werden die Beiträge eingebaut? Bedenkt auch, dass Zeit für die Moderation benötigt wird. Legt eine Tabelle an wie im Beispiel und schreibt auch immer die Funktion dazu, die die einzelnen Beiträge, Moderationen und Songs haben!

Uhrzeit	Inhalt	Funktion
9:00	**Moderation:** Begrüßung der Zuhörer und Morgenansprache	Gemeinschaftsgefühl erzeugen
9:03	**Musik:** ...	
9:25	**Moderation:** Einleitung zum Beitrag	
9:26	**1. Beitrag** – Interview zum Thema: ...	

3. Texte formulieren

Schreibt nun für jeden geplanten Beitrag den entsprechenden Text. Formuliert auch die Moderationen aus, oder notiert zumindest Stichpunkte.

Welches Redaktionsteam hat das überzeugendste Programm zusammengestellt?

4. On air! – Präsentation eures Programms

Präsentiert euer geplantes Programm nun den anderen Redaktionsteams. Nehmt dazu euren Ablaufplan zu Hilfe und lest eure Beiträge vor/ spielt die Interviews nach.
Geht bei der Präsentation vor allem darauf ein, welches Ziel ihr mit eurem Programm verfolgt, also welche Funktion die einzelnen Beiträge usw. haben.

Der Ausstieg als Herausforderung

Meistens erfolgt der Ausstieg nicht spontan. Der Wunsch, sich von der Gemeinschaft zu lösen, wächst über einen längeren Zeitraum. Die Entscheidung für den Ausstieg erfordert von einem Mitglied viel Mut.

Aufgaben

1. **Stelle dir vor, welche widersprüchlichen Gedanken einer Person durch den Kopf gehen könnten, die schon seit Längerem versucht, die Gemeinschaft zu verlassen. Schreibe sie in die Gedankenblase.**

2. **Schreibe zu jedem der unten stehenden Stichworte eine Erklärung, mit welchen Herausforderungen Aussteiger bei der Rückkehr in den Alltag konfrontiert sind.**

Geld ______________________________

Wohnung ______________________________

Familie ______________________________

Freunde ______________________________

Stelle/Ausbildung ______________________________

Alltag/Tagesstruktur ______________________________

Hilfe für ehemalige Sektenmitglieder

Selbst wenn jemand aus der Sekte schon ausgestiegen ist, wird er oft noch lange danach mit der Gemeinschaft konfrontiert.

Mögliche Verhaltensweisen der Sekte

- Die anderen Mitglieder versuchen, die Aussteiger in die Sekte zurückzulocken, um ...

  ____

  ____

- Die Sekte stellt finanzielle Forderungen, denn ...

  ____

  ____

- Die Sekte will den Ruf der Aussteiger schädigen und ihre Glaubwürdigkeit ruinieren, weil ...

  ____

  ____

Viele ehemalige Sektenmitglieder unterstützen sich gegenseitig in Selbsthilfegruppen. Es gibt auch staatliche und kirchliche Beratungsstellen, die sich um sie kümmern.

Wie kann (ehemaligen) Sektenmitgliedern geholfen werden?

	Menschen, die noch in einer Sekte gefangen sind	**Ehemalige Sektenmitglieder, die bereits aus der Sekte ausgestiegen sind**
Empfehlenswerte Hilfsmöglichkeiten		
Nicht zu empfehlende Hilfsmöglichkeiten		

Aufgaben

1. **Schreibe mögliche Erklärungen für die oben aufgeführten Verhaltensweisen auf.**
2. **Füllt zu zweit die Tabelle aus: Wie kann Menschen, die in einer Sekte sind oder waren, geholfen werden? Was sollte man im Umgang mit ihnen lieber vermeiden?**

Parapsychologie, Okkultes, Spiritismus, Satanismus 1/2

In der Esoterik gibt es mehrere Weltdeutungen. Sie unterscheiden sich voneinander und dürfen deshalb nicht vermischt werden. Trotzdem sind die Übergänge manchmal fließend.

Parapsychologie

Info

Parapsychologie gilt als wissenschaftlicher Forschungszweig, der Fähigkeiten und Ereignisse untersucht, die auf ein Leben nach dem Tod hindeuten oder sich rational nicht erklären lassen. Sie wendet verschiedene Tests und Experimente an, um Phänomenen wie Geistererscheinungen auf den Grund zu gehen. Parapsychologen nehmen Menschen, die ihnen von einer Geistererscheinung erzählen, ernst, ohne jedoch selbst an Geister zu glauben. Sie sehen sich als Wissenschaftler, die Erklärungen für solche Phänomene suchen. Sie sind überzeugt, dass keine übersinnlichen Kräfte oder Mächte im Spiel sind, sondern dass es dafür eine rationale Erklärung gibt.

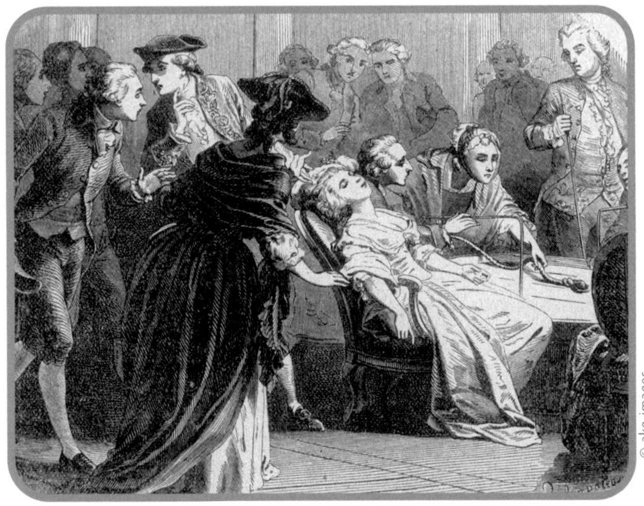

Im 19. Jahrhundert wurden häufig sogenannte Séancen abgehalten.

Spiritismus

Info

Spiritismus (vom lateinischen Wort *spiritus* = Geist, Seele) geht davon aus, dass die Seelen nach dem Tod weiterleben und mit bestimmten Personen (Medien) während einer sogenannten spiritistischen Sitzung (Séance) kommunizieren. Ziel ist, mit den Geistern von Verstorbenen in Verbindung (Nekromantie: Befragung von Toten) zu treten, um Wissen über Vergangenheit, Gegenwart und Zukunft zu erhalten. Diese Séancen waren im 19. Jahrhundert sehr verbreitet. Sie finden meist in einem abgedunkelten Raum statt. Das Medium ruft den Geist an, dieser macht sich durch Geräusche, Stimmen, Bewegung von Möbeln und oft durch das Erscheinen von Gegenständen bemerkbar. Kritiker weisen darauf hin, dass die Rahmenbedingungen (z. B. Dunkelheit) sehr schnell zu Wahrnehmungstäuschungen führen und die Teilnehmer durch Betrüger relativ leicht getäuscht werden können. In der Vergangenheit entpuppten sich zahlreiche Geisterscheinungen im Nachhinein als Betrug. Es gibt keinen einzigen Beweis für Kontakte mit dem Jenseits. Der Spiritismus wird vom Christentum abgelehnt: Kontakte mit Verstorbenen sind nach christlicher Vorstellung nicht möglich und auch nicht von Gott gewollt.

Parapsychologie, Okkultes, Spiritismus, Satanismus 2/2

Okkultismus

Info

Okkultismus (vom lateinischen Wort *occultus* = verborgen) bezeichnet geheime Praktiken, die den Kontakt mit einer verborgenen Welt ermöglichen sollen. Okkultisten sind überzeugt, dass es eine geistige Welt gibt, mit der sie in Kontakt treten und die sie beeinflussen können. Sie glauben nicht an Gott, sondern an Naturkräfte. Es besteht die Überzeugung, dass der Mensch selbst Gott ist bzw. durch einen geistigen oder magischen Schulungsweg göttliche Eigenschaften erlangen kann. Es wird unterschieden zwischen „Weißer Magie" und „Schwarzer Magie", wobei erstere Gutes bewirken soll (z. B. Krankheiten heilen), „Schwarze Magie" aber destruktive Kräfte zur Bestrafung oder Rache in Gang setzt (z. B. tödliche Unfälle). Der moderne Okkultismus geht auf Eliphas Lévi (1810–1875) zurück, hat jedoch etwa seit Anfang der 1970er-Jahre den ursprünglichen Charakter einer Geheimlehre verloren.

Satanismus

Info

Satanismus ist ein Sammelbegriff für verschiedenen Strömungen und Gruppierungen. Satanisten glauben an die Macht des Satans (Gegenspieler des christlichen Gottes). Mit Hilfe verschiedener Ritualen (z. B. Tieropfer oder Schändungen) und „Schwarzer Messen" soll diese dunkle Macht aktiviert werden und die Satanisten Macht von Satan erhalten. Satanisten haben Lust am Bösen, an der Provokation und am Protest. Das wiederum macht die Einordnung so schwer: Manche Jugendliche verwenden Symbole des Satanismus, ohne wirklich Satanisten zu sein. Ihnen geht es einfach darum, zu provozieren und zu schockieren. In dieser Form handelt es sich also um keine „Weltdeutung", sondern einfach um eine „Jugendkultur".

<u>Aufgaben</u>

1. **Überlege, was Spiritismus und Christentum gemeinsam haben, und mache dir dazu Notizen. Vergleicht eure Ergebnisse anschließend in der Klasse und diskutiert sie.**
2. **Verfasse eine Definition für den Begriff „Medium". Tausche dann mit deinem Nachbarn und gib diesem eine Rückmeldung zu seiner Definition:**
   - Ist sie verständlich formuliert?
   - Sind alle wichtigen Aspekte enthalten?
   - Würdest du noch etwas ergänzen oder streichen; wenn ja, was und warum?
3. **Überlegt zu zweit und schreibt anschließend auf, welche Gefahren bei diesen vier verschiedenen Glaubens- und Denkrichtungen bestehen.**
4. **Diskutiert in der Klasse, was Spiritismus, Okkultismus und Satanismus gemeinsam haben.**

Was wird versprochen? Was steckt dahinter?

Okkulte Praxen: Was steckt dahinter?

Viele okkulte Praxen lassen sich heute ganz einfach erklären. Trotzdem greifen viele Menschen, gerade wenn sie sich in einer schwierigen Lebenssituation befinden, auf okkulte Praxen zurück. Das kann fatale Auswirkungen haben.

Statements

1 „Wer müde ist, hat seine Sinne nicht mehr unter Kontrolle: Man hört und sieht Dinge, die es gar nicht gibt."

2 „Mit viel Phantasie hat sie ihr die Zukunft vorhergesagt. Sie verlangte dafür 200 Euro und versprach ihr, beim nächsten Treffen noch mehr über die Zukunft zu erzählen."

3 „Nach längerer Zeit treten Ermüdungserscheinungen ein, die Hände beginnen ganz leicht zu zittern (ohne, dass wir es bewusst merken). Dadurch wird eine Bewegung ausgelöst. Die Wunschantwort reden wir uns unbewusst sein."

4 „Auch wenn das Gerät ausgeschaltet ist, empfangen die Lautsprecher Radiowellen. Deshalb ist manchmal ein Rauschen oder sogar Stimmen zu hören."

5 „Es ist nicht möglich, dass Jesus erscheint und eine Botschaft übermittelt, die der Bibel widerspricht. In der Bibel wird gesagt, dass Jesus bis zu seiner Aufnahme in den Himmel alle wesentlichen Botschaften übermittelt hat."

Kategorie

a) Betrug/Tricks/Scharlatanerei

b) Medizin/Psychologie

c) Naturwissenschaften (z. B. Physik)

d) Theologie

e) Technik

Beispiele

Geister

Jesus-Erscheinungen

Stimmen hören

Wahrsagerei

Pendeln

Aufgaben

1. **Ordne den fünf Statements die richtige Kategorie zu. Verbinde anschließend jede Kategorie mit dem richtigen Beispiel.**

2. **Überlege dir, warum okkulte Praxen gerade für Menschen in schwierigen Lebenssituationen (z. B. vor einer wichtigen Entscheidung) bedenklich sind. Schreibe einen Brief an einen Menschen, der dir nahe steht und den du von okkulten Praxen abbringen willst.**

Was wird versprochen? Was steckt dahinter?

Kontakt mit Verstorbenen: Ist das wirklich möglich?

Draht ins Jenseits?

Menschen, die einen geliebten Verwandten oder Freund verloren haben, wünschen sich nichts sehnlicher, als nochmals mit dem Verstorbenen sprechen zu können oder von ihm zu erfahren, dass es ihm gut geht im Jenseits. Ein Medium (ein Mensch, der von sich behauptet, über mediale Kräfte zu verfügen) nimmt stellvertretend mit dem Verstorbenen Kontakt auf und übermittelt Botschaften aus dem Jenseits. Dafür verlangt er ein Honorar. Meistens bleiben die Aussagen sehr vage (Informationen, die auf die meisten Menschen zutreffen). Psychologen sind überzeugt, dass mediale Personen einfach über herausragende Fähigkeiten verfügen, sich in andere Menschen hineinzuversetzen und viel über sie und ihre Gefühle herauszufinden.

Sind Kontakte mit Verstorbenen möglich?

Kann man Antworten durch Gläserrücken oder in Kristallkugeln finden?

Oder Gläserrücken?

Lange Zeit waren die Menschen überzeugt, auch mit Hilfe von Gläserrücken Kontakte ins Jenseits herstellen zu können. Bei dieser Praxis sitzen die Teilnehmer rund um einen Tisch. Darauf befindet sich ein umgedrehtes Trinkglas, das von einem Buchstabenkreis umgeben ist. Alle legen einen Finger auf das Glas. Nun werden Fragen gestellt. Nach einiger Zeit beginnt das Glas sich zu bewegen. Mittlerweile ist bewiesen, dass eine ganz harmlose Erklärung hinter dem Phänomen steckt: Emotionen lösen Muskelreizungen aus (z. B. Zittern oder schlotternde Knie bei Angst). Da mehrere Personen beteiligt sind, wird das Glas von mehreren Muskelzuckungen beeinflusst und beginnt sich plötzlich wie von Geisterhand zu bewegen.

Aufgaben

1. **Diskutiert miteinander, warum es Menschen schon immer faszinierend fanden, mit dem Jenseits Kontakt aufzunehmen.**
2. **Überlege, was sich Trauernde von einem Medium erhoffen. Tausche dich dann mit einem Partner über eure Ergebnisse aus.**

Was wird versprochen? Was steckt dahinter?

Geisterphänomene – verschiedene Ansichten

Kein Phänomen spaltet die Menschen so sehr wie Geistererscheinungen. Die einen glauben fest daran, die anderen sind überzeugt, dass es sich um eine Sinnestäuschung handelt.

Geister in einer österreichischen Burg?

Ja!

Sieben Hobbyforscher sind überzeugt, auf der Schallaburg in Niederösterreich nachts Geister gesehen zu haben. Es handle sich um Seelen der Verstorbenen, die hier immer noch herumgeistern. Nun hat die Gruppe Messungen vorgenommen: Mit einem Elektromagnetfeldmesser wurde erfasst, dass feinstoffliche Materie in der Nähe ist.

Nein!

Der Wiener Physiker Gerald Badurek glaubt, eine wissenschaftliche Erklärung für Geistererscheinungen gefunden zu haben. Die Burg stehe auf einem Magnetfeld und deshalb habe der Elektromagnetfeldmesser außergewöhnliche Daten geliefert.

Nur eine Täuschung?

Psychologen und Physiker sind überzeugt, dass Geistererscheinungen auf Täuschungen beruhen. Auffällig sei, dass Gespenster besonders oft von Kindern gesichtet werden. Das habe damit zu tun, dass sich bei Kindern unter sechs Jahren Fantasie und Realität vermischen. Daher können Kinder nicht genau erkennen, was sie wirklich gesehen und was sie sich nur eingebildet haben. Da das menschliche Gehirn immer und überall nach Mustern suche, sei dies auch der Fall, wenn Menschen in Rauch- oder Nebelschwaden blicken oder Lichtzeichen wahrnehmen.

Aufgaben

1. **Erstellt in Kleingruppen auf einem Plakat eine Liste von Merkmalen zu den in Romanen und Horrorfilmen typischerweise auftauchenden Geistern: Tageszeit, Uhrzeit, Wetter, Stimmung etc.**
2. **Inszeniert zu zweit ein Gespräch, wie man reagieren könnte, wenn jemand verängstigt behauptet, einen Geist gesehen zu haben. Sammelt zunächst Stichpunkte für eure Argumentation (mindestens vier verschiedene Argumente). Tragt euer so vorbereitetes Gespräch dann als Rollenspiel der Klasse vor.**

Geschichte des Satanismus

Aleister Crowley

Der Brite Aleister Crowley (1875–1947) gilt als Begründer des Satanismus. Seine Eltern waren fromme Christen, weswegen Crowley als Kind regelmäßig einen strengen Bibelunterricht besuchen musste. Dadurch entwickelte er eine Abneigung gegen alles, was mit Gott oder Jesus zu tun hatte. Als Erwachsener bezeichnete er sich selber als Antichrist, gründete einen Orden und verfasste zahlreiche Bücher und Schriften, in denen er seine Lehre vom Satanismus und von satanischen Ritualen verbreitete. Er praktizierte auch Tieropfer. „Tu, was du willst" war für ihn das einzig gültige Gesetz. Zahlreiche Symbole, die bis heute den Satanisten zugeschrieben werden, gehen auf Crowley zurück.

© akg-images / Simon Schwartz

Satanische Symbole

Die Farbe Schwarz: Satanisten setzen auf Schwarz; so tragen sie z. B. gern schwarze Kleidung. Schwarz ist das Gegenteil von Weiß. Diese Farbe hat im Christentum eine wichtige Bedeutung. Sie steht für die Reinheit und die Unschuld.

666: Die Zahl stammt aus der Bibel. So wird dort der Antichrist (= Satan) bezeichnet.

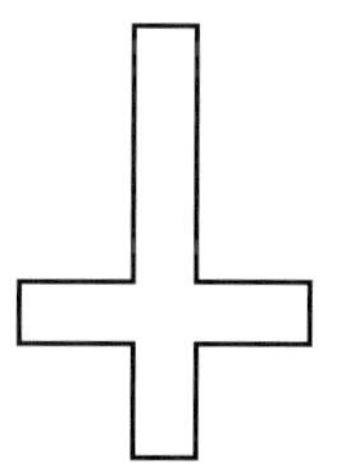

Umgekehrtes Kreuz: Das Jesus-Kreuz, christliches Symbol der Auferstehung, wird umgekehrt: „auf den Kopf gestellt".

Aufgaben

1. **Mache ein Brainstorming und schreibe alles in dein Heft, was dir zum Stichwort „Satanismus" einfällt.**
2. **Überlegt anschließend in Kleingruppen, was die drei satanischen Symbole gemeinsam haben.**

Was wird versprochen? Was steckt dahinter?

Satanismus heute

Experten gehen davon aus, dass es heute kaum mehr Satanisten gibt. Dennoch kommt es manchmal vor, dass satanische Verse oder Symbole an die Kirchenwand geschmiert werden, auch in der Musik, in Büchern und in Filmen.

Marilyn Manson

Ziffer	Begriff	Erklärung
1		Der amerikanische Sänger sorgte im Laufe seiner Karriere mehrmals mit satanischen Provokationen für Aufsehen. Er kleidete und schminkte sich wie ein Satanist und auch manche Songs enthalten Textzeilen mit satanischen Aussagen.
2		„Twilight" und viele andere Filme beschäftigen sich mit Vampir-Themen und -welten. Diese haben jedoch rein gar nichts mit Satanismus zu tun, sondern sind eher als Märchen oder Phantasien zu verstehen.
3		Der musikalischen Stilrichtung wurde immer wieder unterstellt, satanisches Gedankengut zu verbreiten. Es handelt sich in der Tat um sehr düstere und zum Teil aggressive Musik. Doch die Begründer sahen diese Stilrichtung einfach als Weiterentwicklung der Rockmusik.
4		Auch Vertreter dieser Kultur („Gruftis") wirken auf den ersten Blick wie Satanisten: Sie kleiden und schminken sich düster und sind fasziniert von Tod und Vergänglichkeit. Die Bewegung wird als Subkultur der Punkbewegung bezeichnet und ist vor ca. dreißig Jahren entstanden. Die Anhänger distanzieren sich ganz klar vom Satanismus.

Aufgaben

1. **Ordne folgende Begriffe den richtigen Erklärungen in der Tabelle zu und schreibe sie in die dafür vorgesehene Spalte:**
   Gothic | Heavy Metal | Marilyn Manson | Vampir- und Phantasy-Filme
2. **Diskutiere mit deinem Nachbarn, warum auch heute noch satanische Symbole benutzt werden. Tauscht euch anschließend mit einem anderen 2er-Team über eure Ergebnisse aus.**
3. **Überlegt euch zu zweit Argumente dafür und dagegen, satanische Symbole heute zu verbieten. Schreibt sie auf und vergleicht sie anschließend mit euren Mitschülern. Habt ihr ähnliche Argumente gefunden? Nennen die anderen 2er-Teams Argumente, an die ihr überhaupt nicht gedacht habt?**

Wie verhalte ich mich?

Was suche ich?

Fragebogen

In welchen Gemeinschaften bin ich?	Warum bin ich dort? Was bekomme ich dort?
○ Schule	
○ Clique	
○ …	
○ …	
○ …	

Umgang mit Gefühlen

	Umgang damit	Hilfe finden
Freude/Glück		
Angst		
Frage nach dem Sinn des Lebens		
Geborgenheit		
Liebe		
Sehnsucht		
Hoffnung		
Trauer		

Aufgaben

1. **Jeder Mensch sehnt sich nach Gemeinschaft und gemeinsamen Erfahrungen mit anderen. Vervollständige den Fragebogen: In welchen Gemeinschaften bist du? Was suchst und bekommst du dort?**
2. **Fülle die Spalten der Tabelle „Umgang mit Gefühlen" aus.**
   Mittlere Spalte: Wie gehst du mit dem Gefühl um?
   Rechte Spalte: Wo bekommst du Hilfe? Wo und wie kannst du das Gefühl ausleben bzw. ausdrücken?
   Vergleicht eure Ergebnisse anschließend in der Klasse.

Wie verhalte ich mich?

Wie kann ich beurteilen, was gefährlich ist?

Sekten-Beratungsstellen haben Checklisten entwickelt, die helfen sollen, unbekannte Gruppen einzuschätzen und zu erkennen, wann Vorsicht geboten ist.

Checkliste

1. Bei der Gruppe findest du exakt das, was du bisher vergeblich gesucht hast. Sie weiß erstaunlich genau, was dir fehlt.

2. Schon der erste Kontakt eröffnet dir eine völlig neue Sicht der Dinge.

3. Das Weltbild der Gruppe ist verblüffend einfach und erklärt jedes Problem.

4. Es ist schwer, sich ein genaues Bild von der Gruppe zu machen. Du sollst nicht nachdenken und prüfen. Deine neuen Freunde sagen: „Das kann man nicht erklären, das musst du erleben – komm doch gleich mit in unser Zentrum."

5. Die Gruppe hat einen Meister, ein Medium, einen Führer oder Guru, der allein im Besitz der ganzen Wahrheit ist.

6. Die Lehre der Gruppe gilt als einzig echtes, ewig wahres Wissen. Die etablierte Wissenschaft, das rationale Denken, der Verstand werden als Verkopfung, als negativ, satanisch oder unerleuchtet abgelehnt.

7. Kritik durch Außenstehende wird als Beweis betrachtet, dass die Gruppe recht hat.

8. Die Welt treibt auf eine Katastrophe zu, und nur die Gruppe weiß, wie man die Welt retten kann.

9. Deine Gruppe ist die Elite, und die übrige Menschheit ist krank und verloren – solange sie nicht mitmacht beziehungsweise sich retten lässt.

10. Du sollst sofort Mitglied werden.

11. Die Gruppe grenzt sich von der übrigen Welt ab, etwa durch Kleidung, Ernährungsvorschriften, eine eigene Sprache, strenge Reglementierung zwischenmenschlicher Beziehungen.

12. Die Gruppe will, dass du alle „alten" Beziehungen abbrichst, weil sie deine Entwicklung behindern.

13. Dein Sexualverhalten wird dir exakt vorgeschrieben, etwa Partnerwahl durch die Leitung, Gruppensex oder auch totale Enthaltsamkeit.

14. Die Gruppe füllt deine gesamte Zeit mit Aufgaben: Verkauf von Büchern oder Zeitungen, Werben neuer Mitglieder, Besuch von Kursen, Meditation ...

15. Es ist schwer allein zu sein – jemand aus der Gruppe ist immer bei dir.

16. Wenn du zweifelst, wenn sich der versprochene Erfolg nicht einstellt, bist du „selbst schuld", weil du dich angeblich nicht genug einsetzt oder weil du nicht stark genug glaubst.

17. Die Gruppe verlangt strikte Befolgung ihrer Regeln und Disziplin – als einzigen Weg zur Rettung.

(Quelle: Kriterien, die eine Sekte, Psychogruppe oder religiösen Gemeinschaft kennzeichnen anhand einer ‚Checkliste für unbekannte Gruppen'" in: Bericht der Landesregierung – Ministerpräsidentin. 4. Bericht der Informations- und Dokumentationsstelle über die Tätigkeiten von Sekten und sektenähnliche Vereinigungen in Schleswig-Holstein, Kiel 2001, S. 9-10. Online unter: http://www.landtag.ltsh.de/infothek/wahl15/drucks/1300/drucksache-15-1303.pdf)

Aufgabe

Schreibe für jeden Punkt ein konkretes Beispiel auf, z. B.:

Zu 1.: Woher wissen die hier so genau, was mir fehlt? Sie kennen mich doch erst seit Kurzem! → Ich werde skeptisch bleiben und nicht gleich alles befolgen!

Wie verhalte ich mich?

Umgang mit religiösen Sondergemeinschaften

Oft wird man ganz unerwartet von Vertretern religiöser Sondergemeinschaften angesprochen. Die Frage ist dann: Wie soll man sich verhalten?

Internet

Verhaltenstipps: ______________________

____

____

____

Bedenkzeit

Verhaltenstipps: ______________________

____

____

____

Fragen

Verhaltenstipps: ______________________

____

____

____

Verstand und Bauchgefühl

Verhaltenstipps: ______________________

____

____

____

Freunde/Familie

Verhaltenstipps: ______________________

____

____

____

Zurückhaltung

Verhaltenstipps: ______________________

____

____

____

Beratungsstellen/Telefonseelsorge

Verhaltenstipps: ______________________

____

____

____

Wie soll ich mich verhalten?

Aufgaben

1. **Bildet 2er-Gruppen und sucht euch eins der oben genannten Stichworte aus. Verfasst dann dazu passende Verhaltenstipps. Stellt diese anschließend in der Klasse zusammen, diskutiert und ergänzt sie auf euren Blättern.**
2. **Gestaltet mithilfe eurer Ergebnisse zu zweit ein Plakat, das**
   a) konkret und begründet davor warnt, auf religiöse Sondergemeinschaften hereinzufallen und
   b) informiert, wie man reagieren sollte, wenn man von einer religiösen Sondergruppe kontaktiert wird.

Lösungen

Aberglaube – was ist das? S. 4

Aufgabe 1:
Aberglaube: Überzeugung, die Zukunft beeinflussen zu können
Glaube: Überzeugung, dass ein göttliches Wesen die Zukunft lenkt

Aufgabe 2:
Aberglaube: Sie betet jeden Abend genau drei Mal .../ Vor jedem Auftritt spucken ...
Glaube: Er glaubt fest daran, dass Gott .../Sie glaubt, dass sie ihr Leben nach dem Koran ... /Vor wichtigen Entscheidungen besucht sie eine Kirche ... (Wenn sie den Besuch der Kirche allerdings als Bedingung für die richtige Entscheidung sieht, ginge es schon Richtung Aberglaube.)

Aufgabe 3:
Wer mit etwas Schlimmen rechnet, ist so nervös darauf fixiert, dass er erst recht einen Fehler macht und so das Unglück selbst herbeiführt (z. B. beim Autofahren); wer unbedingt etwas Negatives sehen will, wird es auch sehen.

Aufgabe 4:
Wenn die Medien am Freitag, den 13. ständig davon sprechen, dass die Menschen sich heute in Acht nehmen sollen, fördern sie eine Erwartungshaltung: Alle sind überzeugt, dass etwas Negatives passiert (Problem der „selbsterfüllenden Prophezeiung“).

Talismann/Glücksbringer S. 6

Aufgabe 3:
Verleiht ein Glücksbringer Kraft und Ruhe (z. B. bei einer Prüfung), ist es eine Hilfe. Sobald jedoch Abhängigkeit entsteht („Ohne meinen Glücksbringer geht es zu 100 % schief“), wird es problematisch (dem Glücksbringer zu viel Macht zugesprochen, Verlust von Selbstvertrauen etc.).

Esoterik – was ist das? S. 7

Aufgabe 2:
Christentum, Islam, Judentum: Bezeichnung einer Glaubensgemeinschaft, wobei klar ist, wofür diese Gemeinschaft steht, woran sie glaubt, wie viele Mitglieder sie hat; heiliges Buch als Glaubensgrundlage; die Mitglieder der Gemeinschaft haben gemeinsame Glaubensgrundlage und leben nach den gleichen Werten und Normen. Esoterik: verschiedenste Strömungen und Ansichten; kein „Oberhaupt“, keine gemeinsame Grundlage.

Esoterik im Trend S. 8

Aufgabe 1:
Städter leben in einer stressigen, technisierten Welt, alles in ständiger Bewegung persönliche Kontakte oft sehr oberflächlich. Esoterik stellt heile Gegenwelt dar, wo man (angeblich) zur Ruhe kommen, sich mit sich selber beschäftigen kann usw.

Aufgabe 2:
Achtung: die Behauptung trifft sicher nicht generell auf jeden zu. *Aber:* Menschen nutzen Esoterik oft, um Probleme zu bewältigen, Antworten auf Fragen zu finden, sich selber kennen zu lernen. Wer einen guten Freundeskreis hat, findet dies zum großen Teil auch dort.

Aufgabe 3:
Esoterik gilt zurzeit als Trend und „schick“. Was Geld kostet, wirkt gleich „teurer, wertiger“. Die Kirchen bieten nichts Neues schon seit Langem bekannt), Angebote der Kirchen zu wenig persönlich (Esoterik: ich werde als Person wahrgenommen, angesprochen).

Sternzeichen und Kartenlegen S. 9

Aufgabe 1:
Astronomie = exakte Wissenschaft, basierend auf Forschung, Statistiken, Berechnungen (z. B. Laufbahnberechnung eines Planeten)
Astrologie = keine Wissenschaft, sondern reine „Deutung“, persönliche Interpretation

Aufgabe 2:
Für viele haben Horoskope Unterhaltungswert, viele sind unsicher, suchen Bestätigung; Horoskope sind schnell zu lesen und leicht zu verstehen: Man braucht kaum Vorbildung oder Wissen.

Aufgabe 3:
Gefahr, dass Menschen sich ganz vom Horoskop abhängig machen und ihr Leben negativ (rechnen mit schlimmem Ereignis und es so selbst herbeiführen) beeinflussen. Schlimmstenfalls Ende des vernünftigen Denkens und selbstbestimmten Lebens.

Lösungen

Wahrsagerei im Fernsehen S. 10

Aufgabe 1:
z. B.: „Sie dürfen mit positiven Überraschungen rechnen."/„Freudige Ereignisse kündigen sich an."/„Vorsicht vor schnellen Entscheidungen."/„Achten Sie auf Ihre Finanzen." usw.

Aufgabe 2:
Manche fürchten sich vor der Zukunft, manche sind einfach nur neugierig, wie sich alles weiterentwickelt: Sie wollen Gewissheit bzw. Vorkehrungen treffen.

Begriffsklärung: Was ist was? S. 11

Aufgabe 1:
Religiöse Sondergemeinschaft: es gibt einen „Guru" (eine absolute Führung); keine Kritik an der Führung, den Glaubensansichten oder der religiösen Praxis erlaubt; Gemeinschaft, die sich bewusst vom Rest der Gesellschaft abgrenzt; meist wird Kontakt zur Familie und bisherigen Freunden verboten; Glaube an den baldigen Weltuntergang; Mitglieder müssen viel Geld zahlen und unbezahlte Arbeitsstunden leisten; Mitglieder werden angehalten, weitere Mitglieder zu missionieren.
Freikirche: Gemeinschaft, die sich bewusst von großen Landeskirchen abgrenzt; Bibel gilt als wesentliche Richtschnur, meist wortwörtlich verstanden; versteht sich oft als „Reformgruppe", die mit der bisherigen Praxis nicht einverstanden war.
Kirche: Mitgliedsbeiträge durch Kirchensteuer beglichen; Austritt relativ leicht möglich; Kritik und verschiedene Positionen möglich, werden auch an Theologischen Fakultäten debattiert.

Aufgabe 2:
Kirche: Katholische/Evangelische Kirche
Freikirche: Heilsarmee
Religiöse Sondergemeinschaft: Zeugen Jehovas

Aufgabe 3:
„Sekte" meistens „negativ" und „abwertend", fast schon „Schimpfwort", kann Aggressionen auslösen. Wer jemanden als „Sekten-Mitglied" bezeichnet, nimmt ihn nicht ernst.

Warum boomen religiöse Sondergemeinschaften? S. 12

Aufgabe 1:
Früher: kaum freie Wahlmöglichkeiten bei Beruf, Religion usw.
Heute: große Vernetzung, leichter Zugang zu Informationen (Internet, viel Technik usw.)

Aufgabe 2:
Angst, nicht zu genügen, vor Wirtschaftskrise, vor Jobverlust, vor Krankheit, vor Einsamkeit, vor Altwerden; Konkurrenzstreben, jeder vergleicht sich mit anderen, will immer mehr.

Aufgabe 3:
Hilfe für alle Lebensbereiche (bei der Sinnsuche: zeigen, was wirklich wichtig ist), Hilfe bei der Partnersuche; sie übernehmen Entscheidungen ab, geben Halt und Sicherheit (Alternative zur ständigen, verwirrenden Veränderung)

Pflicht zur Mission – die Zeugen Jehovas S. 13

Aufgabe 1:
Zu zweit fühlt man sich sicherer; zwei können sich gegenseitig stärken, kontrollieren.

Aufgabe 2:
Durch das Angebot kostenloser Hilfe, mit Standaktionen, Veranstaltungen usw.

Weltuntergang – Armageddon S. 14

Aufgabe 1:
Weltuntergang als Druckmittel: Angst machen, unter Druck setzen – keine faire Vorgehensweise!

Aufgabe 2:
Damit wird deutlich gemacht, dass es jetzt um alles geht, dass keine Zeit mehr bleibt: sofort entscheiden, nur diese eine Chance!

Lösungen

Traum vom Glück und Harmonie (Mormonen) S. 15

Aufgabe 1:
USA = auserwähltes Land („God's own country"), „Land von Jesus", Zentrum der Welt.

Aufgabe 2:
Das Lebensglück hängt von jedem selbst ab. Es kommt nicht von Gott, man muss sich selbst darum bemühen.
Konsequenz: Der Mensch hat totale Verantwortung für alles – das kann einen unter Druck setzen.

Aufgabe 3:
Menschen setzen sich und andere unter Druck: nur Leistung und Erfolg zählen! Das kann zu Missstimmung in Familie usw. führen. Menschen, denen es schlecht geht, werden für ihr Schicksal selbst verantwortlich gemacht – kaum Mitleid.

Gemeinschaftsgefühl S. 16

Aufgabe 1:
Linke Spalte (z. B.): Geborgenheit, Verbindlichkeit durch klare Regeln, Ziele und Unterscheidung zwischen Gut und Böse; Gemeinschaftsgefühl, Spaß, Freunde
Rechte Spalte (z. B.): Geiz, Egoismus, Unverbindlichkeit, Beliebigkeit, Untreue, Einsamkeit

Aufgabe 2:
Beides schweißt eine Gruppe enorm zusammen: Man kann nicht mehr ohne die anderen sein, weshalb es schwerfällt, an Ausstieg überhaupt nur zu denken.

„Ein besserer Mensch" (Scientology) S. 17

Aufgabe 1:
Der Mensch ist nicht voll entwickelt, hat seinen optimalen Zustand noch nicht erreicht, muss sich verbessern, an sich arbeiten, schlechte Charaktereigenschaften überwinden.

Strenge Regeln S. 18

Aufgabe 1:
Leitplanken: Ich weiß, was gut, was schlecht ist, habe ein klares Ziel (wenn ich Regeln befolge, mache ich alles richtig). Ich muss nicht immer selber überlegen.

Aufgabe 2:
10 Gebote – nicht Gesetze und Verbote, sondern Gebote: Lebensgrundlagen/Maximen, die aber immer wieder neu auf die jeweilige Situation interpretiert werden müssen (meist sehr allgemein gehalten), um Bedeutung und Aussage für eigenen Alltag zu erkennen.

Aufgabe 3:
Fleischessen ist verboten! Internet ist tabu! Frauen dürfen keine Hosen tragen!

Aufgabe 4:
Keine direkten „Strafen": Jeder Mensch ist für seine Taten vor seinem Gewissen und vor Gott selbst verantwortlich.
Konsequenzen: evtl. schlechtes Gewissen, Verhältnis zu Gott gestört, Verzeihung und Vergebung erbitten.

In Konflikt mit dem Gesetz S. 19

Aufgabe 1:
Das Gesetz definiert die Glaubensfreiheit (niemand darf zum Glauben gezwungen werden); jeder darf glauben, was er für richtig hält und den Glauben so ausleben, wie es für ihn stimmt.

Aufgabe 2:
Problematisch wird es, wenn freier Willen missachtet wird oder bei Gefährdung von Freiheit, Gesundheit oder Leben.

Wie Menschen in Sekten geraten S. 20

Aufgabe 1:
Einsame Person auf Straße angesprochen (Zufall); Kursangebot (Werbung); akute Hilfestellung (erkannt, dass es Person schlecht ging); Nachbarschaftshilfe.

Aufgabe 2:
Ideale Kandidaten sind Menschen in einer schwierigen Lebenssituation (privat oder beruflich), in Umbruchphasen (Jobwechsel, Wohnortwechsel, Beziehungsende usw.).

Stufen der Abhängigkeit: Wie läuft es ab? S. 21

Aufgabe 1:
Reihenfolge: **1.** Anwerbephase, **2.** Love-Bombing, **3.** Programmieren, **4.** Snapping

Lösungen

Sekten und Medien S. 22

Aufgabe 1:
Hier können sie gezielt und ungefiltert ihre Botschaft verbreiten und dabei alle „Sinne“ ansprechen. Sie nutzen nur sekteneigene, keine anderen Medien (wo sie auf Kritik stoßen könnten).

Aufgabe 2:
Im Internet ist vieles von ehemaligen Aussteigern und von unabhängigen Medien zu finden: Negatives und Kritisches über die Gemeinschaft könnte neue Mitglieder abschrecken und auf die negativen Seiten der Gemeinschaft aufmerksam gemacht werden.

Der Ausstieg als Herausforderung S. 24

Aufgabe 1:
Ich muss hier raus (Ich will wieder selbst über mein Leben bestimmen/Ich glaube nicht mehr an den Guru bzw. die Botschaft/Ich habe erkannt, wie absurd die Regeln sind/ Ich will wieder frei sein). Ich bleibe hier drin (Und was, wenn die Gemeinschaft doch recht hat? Vielleicht täusche ich mich nur? Wie soll ich es schaffen, wieder ein neues Leben aufzubauen, meinen Alltag ganz allein zu meistern? Wie reagieren die anderen, wenn sie von meinem Ausstieg erfahren: enttäusche ich sie, bestrafen sie mich?)

Aufgabe 2:
Aussteiger müssen ihre Existenz ganz neu aufbauen: kein Geld, keine Arbeit, kein Zuhause, keine Freunde mehr (zu anderen Sektenmitgliedern ist kein Kontakt mehr möglich).

Hilfe für ehemalige Sektenmitglieder S. 25

Aufgabe 1:
Sie geben nicht so schnell auf, sind überzeugt, dass der Aussteiger ins Verderben gerät und wollen ihn auf den richtigen Weg zurückbringen. Die Sekte will Aussteiger „bestrafen“ und zum Schluss noch abkassieren („Schadensersatz“). Aussteiger müssen unglaubhaft gemacht werden (Gefahr: Imageverlust der Sekte).

Aufgabe 2:
Während Mitgliedschaft: Kontakt aufrechterhalten, Entscheidung des Anderen akzeptieren (nicht permanent zum Ausstieg drängen), Gespräch suchen („Warum bist du in dieser Gemeinschaft?“); nach Ausstieg: Unterstützung bieten (finanziell, moralisch, Kontakte zu Beratungsstellen vermitteln).
Nicht empfehlenswert wäre, ihn unbedingt befreien zu wollen, sich über ihn lustig zu machen; Vorhaltungen und Belehrungen zu machen („Ich habe dir ja gleich gesagt ...“).

Parapsychologie, Okkultes, Spiritismus, Satanismus S. 26

Aufgabe 1:
Glaube an ein jenseitiges Weiterexistieren nach dem Tod, der nicht das Ende ist.

Aufgabe 2:
Medium übermittelt eine Botschaft von einer (verstorbenen) Person zu einer anderen; eine Art „Kanal“ (vgl. Medium im Sinne von Zeitschrift, Fernsehsender, Radio).

Aufgabe 3:
Gefahren: Abhängig werden, Kontrolle über Rituale und deren Wirkung verlieren, Kontakt zur Realität verlieren, Allmachtphantasien entwickeln.

Aufgabe 4:
Gemeinsam: Macht und Einflussnahme des Menschen stehen im Mittelpunkt: Glaube, der Mensch könne die Welt beeinflussen. Doch entspricht dies nicht der Realität: Der Mensch kann vieles nicht steuern, ist oft ausgeliefert.

Okkulte Praxen: Was steckt dahinter? S. 28

Aufgabe 1:
1c (Geister), 2a (Wahrsagerei), 3b (Pendeln),
4e (Stimmen hören), 5d (Jesus-Erscheinungen)

Aufgabe 2:
Gefährlich: Menschen sind dann sehr empfänglich für solche Botschaften, werden schnell abhängig und unsicher, sind leicht zu manipulieren und auszunutzen, vergessen Vernunft und Verstand: Möglicherweise erhalten sie eine falsche Botschaft (vgl. Ursachen: Aufgabe 1) und entscheiden deshalb falsch.

Lösungen

Kontakt mit Verstorbenen: Ist das wirklich möglich? S. 29

Aufgabe 1:
Trost, Beruhigung, Antwort auf ungeklärte Fragen (z. B. Todesumstände), Entschuldigung, Versöhnung (z. B. wenn vor dem Tod Streit bestand), evtl. auch Tipps für das eigene Leben.

Geisterphänomene – verschiedene Ansichten S. 30

Aufgabe 1:
meist in der Nacht, Mitternacht (Geisterstunde), meist während Gewitter oder Nebel, düsteres, abgelegenes altes Haus mit knarrendem Boden (z.B. auf Berg, auf Land, im Wald)

Aufgabe 2:
Ernst nehmen, beruhigen, gemeinsam überlegen, was genau Angst macht, eigene Zweifel oder Erklärungen ansprechen („Vielleicht lag es ja daran …")

Geschichte des Satanismus S. 31

Aufgabe 1:
dunkel, düster, schwarz, Angst, Provokation usw.

Aufgabe 2:
Alle Symbole stammen aus der Bibel oder sind Gegensymbole zu christlichen Symbolen; keine „eigenen" Symbole, sondern nur durch „Abgrenzung" zum Christentum entstanden.

Satanismus heute S. 32

Aufgabe 1:
Gothic: 4, Heavy Metal: 3, Marilyn Manson: 1, Vampir- und Phantasy-Filme: 2

Aufgabe 3:
Für Verbot: Manche Menschen haben Angst vor diesen Symbolen, Christen fühlen sich zum Teil durch diese Symbole in ihrer Religionsfreiheit verletzt.
Gegen Verbot: Die Symbole haben heute kaum mehr wirkliche Bedeutung, sehen einfach nur „cool" aus; ihre Verwendung ist kein Problem.

Was suche ich? S. 33

Aufgabe 2:
individuelle Antworten, Vorschläge: Tagebuch schreiben, Hilfe finden: bei Freunden, Familie, im Internet, in der Musik, in der Natur.

Wie kann ich beurteilen, was gefährlich ist? S. 34

Aufgabe:
Vorschläge: **1.** Hier findest du dein Glück! **2.** Es gibt ein Leben nach dem Tod, **3.** Wenn du drei Menschen pro Woche bekehrst, ist Gott mit dir zufrieden. **4.** Dieses Gefühl lässt sich nicht beschreiben oder vergleichen. **5.** Der Guru teilt der Gruppe jeden Sonntag mit, was sie in der kommenden Woche tun müssen. **6.** Nur wir haben Recht. **7.** Sie kapieren nicht, dass sie auf dem falschen Weg sind. **8.** Der Ende der Welt steht kurz bevor. **9.** Nur bei uns findet man den Weg zum Glück und Gesundheit. **10.** Die Zeit drängt, bald ist es zu spät! **11.** Alle Mitglieder tragen nur weiße Kleidung. **12.** Kontakt zur Familie streng verboten. **13.** Der Guru wählt dir einen Partner aus. **14.** Mitgliederwerbung an schulfreien Nachmittagen. **15.** Zu zweit auf Mitgliederwerbung. **16.** Es hängt alles von dir ab! **17.** Nur wer Regeln beachten kann, wird glücklich.

Verhalten gegenüber religiösen Sondergemeinschaften S. 35

Aufgabe 1:
Internet (sich im Internet informieren, Internetseiten vergleichen, Aussteiger-Seiten besuchen, Zeitungsartikel lesen), *Fragen* (sich selbst: Was will die Gruppe von mir?) Gemeinschaft mit Fragen konfrontieren und darauf achten, wie sie auf Kritik reagieren, *Freunde/Familie* (von Begegnung erzählen, ihre Meinung einholen, erzählen, warum Gemeinschaft interessant ist), *Beratungsstellen/Telefonseelsorge* (Fachleute fragen, Unterlagen anfordern), *Bedenkzeit erbitten* (nichts überstürzen, in Ruhe überlegen, nicht sofort zu Treffen gehen, nicht gleich zusagen), *Verstand und Bauchgefühl* (auf Kopf, Herz und Bauch hören): Was sagt meine Vernunft? Was sagt mein Bauch? Was finde ich merkwürdig?, *Zurückhaltung* (sich nicht gleich einwickeln lassen, Distanz wahren).